AF314404

CRÉDIT MARITIME DE FRANCE

38, RUE NEUVE-SAINT-AUGUSTIN, PARIS

RÉPONSE

AUX PRÉTENDUES OBJECTIONS
SUR L'APPLICATION DE LA LOI HYPOTHÉCAIRE MARITIME
DU 10 DÉCEMBRE 1874

PARIS

IMPRIMERIE JULES BOYER

156, RUE MONTMARTRE ET RUE DES JEUNEURS, 41

1879

I

LOI DU 10 DÉCEMBRE 1874

SUR

L'HYPOTHÈQUE MARITIME

Art. 1er. — Les navires sont susceptibles d'hypothèque ; ils ne peuvent être hypothéqués que par la convention des parties.

Art. 2. — Le contrat par lequel l'hypothèque maritime est consentie doit être rédigé par écrit ; il peut être fait par acte sous signatures privées.

Pour l'inscription de l'hypothèque, l'acte sous seing privé ne sera passible que du droit fixe de deux francs. Mais le droit proportionnel pourra être ultérieurement exigé dans les cas où les actes sous seing privé y sont assujettis, conformément aux lois sur l'enregistrement.

Art. 3. — L'hypothèque sur le navire, ou sur portion du navire, ne peut être consentie que par le propriétaire ou par son mandataire justifiant d'un mandat spécial.

Art. 4. — L'hypothèque consentie sur le navire, ou portion du navire, s'étend, à moins de convention contraire, au corps du navire, aux agrès, apparaux, machines et autres accessoires.

Art. 5. — L'hypothèque maritime peut être constituée sur un navire en construction. Dans ce cas, l'hypothèque doit être précédée d'une déclaration faite au bureau du receveur des douanes, du lieu où le navire est en construction.

Cette déclaration indiquera la longueur de la quille du navire, et approximativement ses autres dimensions, ainsi que son port présumé. Elle mentionnera l'emplacement de la mise en chantier du navire.

Art. 6. — L'hypothèque est rendue publique par l'inscription sur un registre spécial tenu par le receveur des douanes du lieu où le navire est en construction, ou de celui où il est immatriculé.

Si le navire a déjà un acte de francisation, l'inscription doit être mentionnée, au dos dudit acte, par le receveur des douanes.

Dans tous les cas, l'inscription est, en outre, certifiée par lui, immédiatement et sous la même date, sur le contrat d'hypothèque ou sur son expédition authentique, dont la représentation lui aura été faite.

Art. 7. — Tout propriétaire d'un navire construit en France, qui demande à le faire admettre à la francisation, est tenu de joindre aux pièces requises à cet effet, un état des inscriptions prises sur le navire en construction ou un certificat qu'il n'en existe aucune.

Les inscriptions non rayées sont reportées d'office à leurs dates respectives, par le receveur des douanes, sur l'acte de francisation, ainsi que sur le registre du lieu de la francisation, si ce lieu est autre que celui de la construction.

Si le navire change de port d'immatricule, les inscriptions non rayées sont pareillement reportées d'office, par le receveur des douanes du nouveau port où il est immatriculé, sur son registre et avec mention de leurs dates respectives.

Art. 8. — Pour opérer l'inscription, il est présenté au bureau du receveur des douanes un des originaux du titre constitutif d'hypothèque, lequel y reste déposé s'il est sous seing privé ou reçu en brevet, ou une expédition s'il en existe minute.

Il y est joint deux bordereaux signés par le requérant, dont l'un peut être porté sur le titre présenté ; ils contiennent :

1° Les noms, prénoms et domiciles du créancier et du débiteur et leur profession, s'ils en ont une ;

2° La date et la nature du titre ;

3° Le montant de la créance exprimée dans le titre ;

4° Les conventions relatives aux intérêts et au remboursement ;

5° Le nom et la désignation du navire hypothéqué, la date de l'acte de francisation ou de la déclaration de sa mise en construction ;

6° Election de domicile, par le créancier, dans le lieu de la résidence du receveur des douanes.

Art. 9. — Le receveur des douanes fait mention sur son registre du contenu aux bordereaux, et remet au requérant l'expédition du titre, s'il est authentique, et l'un des bordereaux au pied duquel il certifie avoir fait l'inscription.

Art. 10. — S'il y a deux ou plusieurs hypothèques sur la même part de propriété du navire, leur rang est déterminé par l'ordre de priorité des dates de l'inscription.

Les hypothèques inscrites le même jour viennent en concurrence, nonobstant la différence des heures de l'inscription.

Art. 11. — L'inscription conserve l'hypothè-

que pendant trois ans, à compter du jour de
sa date ; son effet cesse si l'inscription n'a pas
été renouvelée avant l'expiration de ce délai,
sur le registre tenu en douane, et mentionnée
à nouveau sur l'acte de francisation, dès le retour du navire au port où il est immatriculé.

Art. 12. — Si le titre constitutif de l'hypothèque est à ordre, sa négociation par voie
d'endossement emporte la translation du droit
hypothécaire.

Art. 13. — L'inscription garantit, au même
rang que le capital, deux années d'intérêt en
sus de l'année courante.

Art. 14. — Les inscriptions sont rayées, soit
du consentement des parties intéressées ayant
capacité à cet effet, soit en vertu d'un jugement en dernier ressort ou passé en force de
chose jugée.

Art. 15. — A défaut de jugement, la radiation totale ou partielle de l'inscription ne peut
être opérée, par le receveur des douanes, que
sur le dépôt d'un acte authentique de consentement à la radiation, donné par le créancier
ou son cessionnaire justifiant de ses droits.

Si l'acte se borne à donner mainlevée, le
droit proportionnel sur le titre constitutif de
l'hypothèque ne sera pas perçu.

Dans le cas où l'acte constitutif de l'hypothèque est sous seing privé, ou si, étant authentique, il a été reçu en brevet, il est communiqué
au receveur des douanes, qui y mentionne,
séance tenante, la radiation totale ou partielle.

Si l'acte de francisation lui est représenté
simultanément ou ultérieurement, le receveur
des douanes est tenu d'y mentionner, à sa
date, la radiation totale ou partielle.

Art. 16. — Le receveur des douanes est tenu
de délivrer à tous ceux qui le requièrent l'état

des inscriptions subsistantes sur un navire, ou un certificat qu'il n'en existe aucune.

Art. 17. — En cas de perte ou d'innavigabilité du navire, les droits des créanciers s'exercent sur les choses sauvées ou sur leur produit, alors même que les créances ne seraient pas encore échues. Ils s'exercent également, dans l'ordre des inscriptions, sur le produit des assurances qui auraient été faites par l'emprunteur sur le navire hypothéqué. Dans le cas prévu par le présent article, l'inscription de l'hypotèque vaut opposition au payement de l'indemnité d'assurance.

Les créanciers inscrits ou leurs cessionnaires peuvent, de leur côté, faire assurer le navire, pour la garantie de leurs créances.

Les assureurs avec lesquels ils ont contracté l'assurance, sont, lors du remboursement, subrogés à leurs droits contre le débiteur.

Art. 18. — Les créanciers ayant hypothèque inscrite sur un navire ou portion de navire, le suivent, en quelques mains qu'il passe, suivant l'ordre de leurs inscriptions.

Si l'hypothèque ne grève qu'une portion de navire, le créancier ne peut saisir et faire vendre que la portion qui lui est affectée. Toutefois, si plus de la moitié du navire se trouve hypothéquée, le créancier pourra, après saisie, le faire vendre en totalité, à charge d'appeler à la vente les copropriétaires.

Dans tous les cas de copropriété autres que ceux qui résultent d'une succession ou de la dissolution d'une communauté conjugale, par dérogation à l'article 883 du Code civil, les hypothèques consenties durant l'indivision, par un ou plusieurs des copropriétaires, sur une portion de navire, continuent à subsister après le partage ou la licitation.

Toutefois, si la licitation s'est faite en justice dans les formes déterminées par les articles 201 et suivants du Code de commerce, le droit des créanciers n'ayant hypothèque que sur une portion du navire sera limité au droit de préférence sur la partie du prix afférente à l'intérêt hypothéqué.

ART. 19. — L'acquéreur d'un navire ou d'une portion de navire hypothéqué qui veut se garantir des poursuites autorisées par l'article précédent, est tenu, avant la poursuite ou dans le délai de quinzaine, de notifier à tous les créanciers inscrits sur l'acte de francisation, au domicile élu dans les inscriptions :

1° Un extrait de son titre indiquant seulement la date et la nature de l'acte, le nom du vendeur, le nom, l'espèce et le tonnage du navire et les charges faisant partie du prix ;

2° Un tableau, sur trois colonnes, dont la première contiendra la date des inscriptions, la seconde, le nom des créanciers, la troisième, le montant des créances inscrites.

ART. 20. — L'acquéreur déclarera, par le même acte, qu'il est prêt à acquitter sur-le-champ les dettes hypothécaires jusqu'à concurrence seulement de son prix, sans distinction des dettes exigibles ou non exigibles.

ART. 21. — Tout créancier peut requérir la mise aux enchères du navire ou portion du navire, en offrant de porter le prix à un dixième en sus et de donner caution pour le payement du prix et des charges.

ART. 22. — Cette réquisition signée du créancier doit être signifiée à l'acquéreur dans les dix jours des notifications. Elle contiendra assignation devant le tribunal civil du lieu où se trouve le navire, ou, s'il est en cours de voyage, du lieu où il est immatriculé, pour voir ordonner qu'il sera procédé aux enchères requises.

ART. 23. — La revente aux enchères aura lieu

à la diligence soit du créancier qui l'aura requise, soit de l'acquéreur, dans les formes établies pour les ventes sur saisie.

Art. 24. — La réquisition de mise aux enchères n'est pas admise en cas de vente judiciaire.

Art. 25. — Faute par les créanciers de s'être réglés entre eux, à l'amiable, dans le délai de quinzaine, pour la distribution du prix offert par la notification ou produit par la surenchère, il y est procédé entre les créanciers privilégiés, hypothécaires et chirographaires, dans les formes établies en matière de saisie. En cas de distribution du prix d'un navire hypothéqué, l'inscription vaut opposition au profit du créancier inscrit. Les créanciers auront un mois pour produire leurs titres à compter de la sommation qui leur aura été adressée.

Art. 26. — Le propriétaire qui veut se réserver la faculté d'hypothéquer son navire en cours de voyage, est tenu de déclarer, avant le départ du navire, au bureau du receveur des douanes du lieu où le navire est immatriculé, la somme pour laquelle il entend pouvoir user de ce droit.

Cette déclaration est mentionnée sur le registre du receveur et sur l'acte de francisation, à la suite des hypothèques déjà existantes.

Les hypothèques réalisées en cours de voyage sont constatées sur l'acte de francisation : en France et dans les possessions françaises, par le receveur des douanes ; à l'Etranger, par le consul de France, ou à défaut, par un officier public du lieu du contrat. Il en est fait mention par l'un et par l'autre, sur un registre spécial qui sera conservé pour y avoir recours, au cas de perte de l'acte de francisation par naufrage ou autrement, avant le retour du navire ; elles prennent rang du jour de leur inscription sur l'acte de francisation.

La mention faite en vertu du paragraphe 2

du présent article ne pourra être supprimée qu'après le voyage accompli et sur la présentation de l'acte de francisation.

Art. 27. — Les paragraphes 9 de l'article 191 et 7 de l'article 192 du Code de commerce sont abrogés.

L'article 191 du même Code est terminé par la disposition suivante :

« Les créanciers hypothécaires sur le navire viendront, dans leur ordre d'inscription, après les créances privilégiées. »

Art. 28. — L'article 233 du Code de commerce est modifié ainsi qu'il suit :

« Si le bâtiment est frété du consentement des propriétaires, et que quelques-uns fassent refus de contribuer aux frais nécessaires pour l'expédition, le capitaine peut, en ce cas, vingt-quatre heures après sommation faite aux refusants de fournir leur contingent, emprunter hypothécairement, pour leur compte, sur leur part dans le navire, avec l'autorisation du juge. »

Art. 29. — Les navires de vingt tonneaux, et au-dessus, seront seuls susceptibles de l'hypothèque créée par la présente loi.

Art. 30. — Le tarif des droits à percevoir par les employés de l'administration des douanes, et le cautionnement spécial à leur imposer, à raison des actes auxquels donnera lieu l'exécution de la présente loi, seront fixés par un décret rendu dans la forme des règlements d'administration publique.

La responsabilité de la régie des douanes, du fait de ses agents, ne s'applique pas aux attributions conférées aux receveurs par les dispositions qui précèdent.

La loi sera exécutoire à partir du 1er mai 1875.

II

RÉPONSE

AUX PRÉTENDUES OBJECTIONS SUR L'APPLICATION DE LA LOI HYPOTHÉCAIRE MARITIME DU 10 DÉCEMBRE 1874.

Nous soutenons que la loi du 10 décembre 1874 offre toutes sécurités et toutes facilités au créancier hypothécaire maritime, pourvu qu'il veuille se donner la peine de lire son contrat avant de le signer, et de suivre l'acccomplissement des formalités complémentaires.

Nous soutenons que l'hypothèque maritime dans sa constitution n'entraîne pas plus de formalités que l'hypothèque terrestre, et qu'un créancier instruit du droit, se trouve tout aussi bien placé dans l'une que dans l'autre.

Mais nous reconnaissons que la présence nécessaire du notaire dans les actes et formalités de l'hypothèque terrestre, enlève au créancier hypothécaire tout souci d'exécution pour des actes et formalités qu'en général le créancier ne connaît pas, et qu'il ne veut même pas connaître.

Alors il naît de là une nécessité pour le prêt hypothécaire maritime, c'est d'employer le ministère des notaires autant que faire se pourra, ou bien de remplacer l'action du notaire par celle d'un établissement de crédit parfaitement au courant des formes de l'hypothèque maritime, offrant pour cela sa responsabilité comme font les notaires pour les hypothèques terrestres, et percevant comme dùcroire ou comme contr'assureur une rémunération proportionnée aux services rendus.

Moyennant quoi il est tout aussi facile au premier venu de prêter sur hypothèque maritime que sur hypothèque terrestre, la position du prêteur étant aussi bonne dans l'un que dans l'autre cas.

Les adversaires de la loi.

Quels sont ceux qui se plaignent de l'hypothèque maritime ?

Assurément ce ne sont pas les emprunteurs, car ils y trouvent une grande facilité pour les opérations d'armement, et l'argent quoique cher, leur arrive encore à bien meilleur marché qu'autrefois.

Alors, en effet, l'on empruntait à la grosse à 25 et 30 0/0, et comme l'emprunt à la grosse s'assurait, la condition de bonne arrivée du navire se trouvait à peu près illusoire, l'argent revenait donc à un prix énorme pour quiconque n'avait pas la possibilité d'en trouver sur sa seule signature.

Si ce ne sont pas les emprunteurs qui se plaignent, eux qui supportent toutes les charges, alors qui donc se plaint ? Le voici :

D'abord les gros armateurs qui ont leur fortune faite, qui n'ont pas besoin de crédit, et qui trouvent mauvais qu'on facilite aux petits les moyens de s'enrichir, en ayant de l'argent à bon compte, ce qui constitue une concurrence acceptée par ces messieurs à leur cœur défendant. Or, ces gros armateurs sont

partout : dans les Cercles, dans les Chambres
de commerce, dans les Tribunaux, dans les
Comités supérieurs, ou même dans les Chambres législatives ; comme ils n'ont pas besoin
de la loi pour eux-mêmes, et qu'elle leur nuit
en créant des concurrents, ils la trouvent dé-
testable.

Ensuite, les prêteurs à usure, à qui le prêt
à la grosse dûment assuré rapportait d'im-
menses bénéfices.

Puis après, les assureurs, dont l'hypothèque
maritime vient gêner les habitudes, et qui,
aux termes de l'article 17 de la loi, sont mis
en face du prêteur hypothécaire en cas de
sinistre, ce qui leur déplaît. — Toutefois cette
mauvaise volonté n'a pas sa raison d'être,
car l'antagonisme n'existe pas, nous le démon-
trerons plus loin.

Enfin, les notaires, dont le concours n'a pas
été jugé nécessaire par le législateur, et qui
n'ayant pas étudié cette matière, ne sont pas
disposés à l'apprécier avec bienveillance. Mais
c'est là une erreur de ces hommes honora-
bles, car, ainsi que nous l'avons dit plus haut
il est de l'intérêt des parties de les employer.

Peut-être aussi faut-il y joindre MM. les
receveurs-principaux des douanes qui, trans-
formés en conservateurs des hypothèques, as-
treints à des responsabilités nouvelles, et
obligés de verser des cautionnements spéciaux,
ne savent pas bien se mettre dans leur rôle,
s'exagèrent les difficultés, et décourageraient
volontiers les prêteurs, pour ne pas se créer
à eux-mêmes des embarras personnels.

Voilà l'ensemble des adversaires de la loi ;
mais au fond, toutes leurs répugnances sont
basées sur leurs situations personnelles, et
nullement sur les défectuosités de la loi.

Observations de M. Lecesne, rapporteur de la loi sur la marine marchande en 1877. (1)

Ce n'est pas d'aujourd'hui qu'on s'en va répétant, sans bien connaître ce dont on parle : « La loi hypothécaire maritime, n'est pas pratique. » Cela fut dit en 1874 au moment de la discussion par l'honorable député M. Sebert, président de la chambre des notaires de Paris, adversaire éloquent et convaincu, dont les arguments cependant ne triomphèrent pas ;

Cela fut dit encore bien davantage depuis, et ceux qui le répétèrent en chœur furent même assez embarrassés quand on les pria de formuler leurs objections : la loi les gênait à un titre ou à un autre c'était bien évident, mais quant à dire en quoi elle lésait le public c'était une autre affaire.

Quoi qu'il en soit, ces critiques trouvèrent un interprète distingué pour les soutenir ; cet interprète fut M. Lecesne, armateur, député du Havre, un de ces hommes capables qu'on aime à trouver sur son chemin, lors même qu'on n'est pas de leur avis.

M. Lecesne était alors rapporteur d'un projet de loi sur la marine marchande qui depuis sa mort a eu pour nouveau rapporteur l'honorable M. Desseaux, et qui, renvoyé à la commission de la Chambre des députés après une discussion approfondie en mars dernier, attend pour voir le jour de nouvelles solutions sur les tarifs douaniers ; il y a encore, comme on le voit, quelque temps à attendre.

M. Lecesne donc profita du rapport sur le projet concernant la marine marchande pour y annexer un second projet, contenant des

---

(1) Voir son projet de loi modificatif, page 37.

modifications à la loi du 10 décembre 1874.
C'était bien là, n'est-ce pas, le moment de
faire valoir toutes ces objections si graves
que l'on avait découvertes à l'application ! pas
de doute sur ce point !!

Eh bien ! qu'on prenne le rapport spécial de
M. Lecesne, du 11 juillet 1877 (annexe à l'*Of-
ficiel*, n° 962), et l'on verra que ces objections
se réduisent purement et simplement aux sui-
vantes :

1° L'article 2 de la loi de 1874 frappe éven-
tuellement le contrat hypothécaire sous seings
privés du droit fiscal de 1 0/0. C'est un droit
trop élevé.

2° L'article 3 autorise tout propriétaire partiel de navire à hypothéquer sa part de propriété, mais à un moment donné cela peut
devenir gênant si l'on a besoin d'emprunter
au nom de tous les propriétaires pour mettre
le navire en armement.

3° L'article 11, en obligeant les hypothèques
maritimes à la nécessité du renouvellement
triennal, a créé des formalités dangereuses, il
est préférable de déclarer le renouvellement
inutile, l'hypothèque une fois inscrite ne dis-
paraîtra plus que par la radiation.

4° L'article 17 en subrogeant de plein droit
les créanciers hypothécaires dans le bénéfice
de l'assurance amène un conflit entre l'assurance et l'hypothèque, il est nécessaire d'appeler le créancier à intervenir pour défendre
lui-même ses intérêts.

5° L'article 26 qui réserve au propriétaire du
navire le droit d'emprunter par hypothèque
en cours de voyage est hostile aux intérêts de
l'assureur aussi bien que du créancier hypothécaire avant départ, il faut supprimer une
telle faculté et interdire la vente volontaire à
l'étranger de tout navire grevé d'hypothèque.

6° Sur l'article 28, il faut rendre la vente du
navire nécessaire, si un propriétaire partiel

déjà grevé d'hypothèque sur sa part, rend ainsi le navire non susceptible d'une hypothèque générale pour cause d'armement, de la part de l'armateur ou du capitaine conformément à l'art. 220 du Code de commerce.

7° Sur l'article 29, la loi exclut du régime hypothécaire les barques marines au-dessous de 20 tonneaux et toute la batellerie fluviale, il faut effacer cette exclusion.

8° Enfin, reste à faire un article 30, article spécial et nouveau. qui accorderait au commerce maritime la liberté entière du taux des intérêts, en matière conventionnelle.

Voilà toutes les objections; le très intelligent rapporteur n'en a pas trouvé d'autres; à première vue l'on peut se convaincre qu'il n'y en a guère de sérieuses en droit strict, et qu'il n'y en a aucune qui puisse empêcher de rectifier ce même droit strict par des stipulations conventionnelles.

Suivons ce sujet en détail :

Réponse au projet de M. Lecesne,

I. — Droit fiscal de 1 0/0.

Nous avons peu à nous étendre sur ce point : En France toute obligation paye un droit au fisc ; le simple billet, dès qu'il est protesté paye 1/2 0/0, et en outre il paye un droit de timbre proportionnel élevé. Réduire ce droit sur les hypothèques maritimes à 1 pour 1,000 sera certainement une faveur méritée. Mais présenter cela comme une objection sérieuse à la création des hypothèques maritimes, ce n'est pas admissible.

Toute hypothèque terrestre coûte 1 0/0, tout supplément d'hypothèque 1/2 0/0, et cela n'empêche pas les hypothèques d'être souvent requises pour des chiffres forts petits surtout en province.

Ce n'est pas là une raison qui rende la loi inexécutable.

II. — *La loi est gênante au point de vue de l'emprunt par l'armateur.*

Voilà qui est bientôt dit. Mais lequel des deux est le maître de ce qui lui appartient, du propriétaire de part ou de l'armateur ? M. Lecesne suppose un navire indivis entre plusieurs propriétaires ; à un moment donné, l'un de ces indivis crée une hypothèque sur sa part : puis survient une occasion de mettre le navire en armement, il faut faire des dépenses pour cela. Aux termes de l'article 220 du Code du commerce, la majorité des propriétaires se prononce pour l'armement et autorise l'arm...teur titulaire ou le capitaine à emprunter pour le compte commun ; on ne le peut que par seconde hypothèque sur la part déjà grévée, c'est un embarras.

Nous répondrons à M. Lecesne que ceci est un léger inconvénient pour les copropriétaires, qui pourront toujours s'en tirer par la licitation ou par le payement subrogatoire dans les termes des articles 1236 § 1 et 1251 § 2 et 3, du code civil.

Quant au prêteur par hypothèque l'inconvénient n'existe pas pour lui, car il est libre de prêter sur les parts qu'on lui donnera en gage la somme d'argent qui lui plaira; il est plus libre encore de ne pas prêter ou d'exiger le remboursement par subrogation à son profit de l'hypothèque déjà existante.

L'objection n'a rien de sérieux.

III. — *Inconvénient du renouvellement.*

C'est un point qui a été longuement discuté et tranché en décembre 1874. Nous sommes d'accord avec la loi pour des hypothèques qui se périment, plutôt que pour des hypothèques

qui durent toujours; et quand on présente ce système d'existence indélébile de l'hypothè- que au nom de la plus grande facilité com- merciale, nous ne pouvons nous empêcher de sourire.

Mais, messieurs, bénissez donc au contraire le législateur de 1874, vous, les emprunteurs. Il y a nombre de cas où la prescription débar- rasse le bien hypothéqué de charges qu'on ne saurait enlever autrement. Il en sera à cet égard des navires comme des immeubles.

Quant aux prêteurs, il n'y a pas de mal qu'ils surveillent leur gage; et, d'ailleurs, avec le concours des notaires, si l'acte est authen- tique, ou des établissements de crédit si l'acte est sous seing privé, l'hypothèque ne peut tomber en prescription.

Le système hypothécaire maritime doit d'ailleurs être basé sur de brefs délais ; le na- vire en bois est bon jusqu'à 18 ans, le navire en fer jusqu'à 30 ans : chaque année l'amor- tissement s'exerce dans une forte proportion ; l'hypothèque ne doit pas avoir de trop longues prévisions.

Voudrait-on qu'au lieu de renouveler tous les 3 ans, ce fût tous les 5 ans, ce serait peut- être meilleur ; mais après tout l'hypothèque maritime n'est pas en danger pour cela.

IV. — *Conflit entre les assureurs et les créanciers hypothécaires.*

Nous nions le conflit. Les compagnies d'as- surance ont d'abord pris peur et exclu de leurs polices toute faculté pour le propriétaire ou l'armateur d'emprunter par hypothèque sur le navire assuré. Aujourd'hui, après ré- flexion, elles accordent toutes, sans augmen- tation de prime, la faculté d'hypothéquer le navire assuré, pourvu qu'on les prévienne.

Elles avaient tort à l'origine, elles ont raison aujourd'hui.

Le créancier hypothécaire confond sa personnalité et son droit à l'indemnité de sinistre dans le droit du propriétaire, et ne fait qu'un avec ce dernier, son débiteur. Peu importe à l'assureur à qui il paiera l'indemnité, il opposera toujours au créancier les mêmes compensations, confusions et distinctions qu'à l'assuré lui-même.

L'assurance est la représentation de l'avarie que le gage a subie et qui l'a déprécié. De deux choses l'une :

Ou le gage a été réparé en cours de voyage, alors l'assurance paie celui qui a prêté des fonds pour la réparation, ni le créancier hypothécaire ni le propriétaire n'ont rien à y voir puisque le navire est là dans le port en bon état.

Ou le gage n'a pas été réparé, alors le montant de l'avarie est dû au propriétaire et le créancier hypothécaire le perçoit par délégation, soit pour l'employer aux réparations, soit pour se payer lui-même si le navire ne peut-être réparé.

Dans tout cela, rien ne se combat.

Or ici nous ne raisonnons qu'en droit strict, comme entre gens qui ne se seraient jamais vus ; mais où donc est le prêteur sur hypothèque avant départ, qui n'exigerait pas l'acceptation de son contrat par la compagnie d'assurances avant de verser ses fonds ? C'est élémentaire.

Et d'autre part quelle est donc la Compagnie d'assurances qui n'acceptera pas un contrat hypothécaire loyalement consenti, et dans de justes proportions avec la valeur du navire hypothéqué ?

Nous avons de ces exemples sous les yeux de la part des meilleures Compagnies d'assurances.

Inutile d'en dire plus long.

*V. — Danger imaginaire de la réserve d'hy-
pothèque en cours de voyage.*

Voilà encore de ces choses qui font grand
peur de loin, et qui de près tombent à néant.

Sans doute en droit strict, la réserve par un
propriétaire de navire d'emprunter en cours de
voyage, réserve inscrite sur l'acte de francisation, peut être un obstacle à un prêt sur hypothèque, affectant le navire déjà grevé de
cette réserve.

Mais quel est le prêteur qui ne s'assurera
pas tout d'abord :

1° Si le propriétaire a déjà fait usage de
cette réserve au profit d'une autre personne,
auquel cas lui prêteur en seconde ligne ne
prêtera pas.

2° Si le propriétaire a ou n'a pas donné pouvoir à l'armateur ou au capitaine de son navire
de faire usage de cette réserve ; dans le premier
cas il s'abstiendra, dans le second il passera
outre, parce que le propriétaire renoncera à
cette faculté dans l'acte même d'emprunt, ou
bien déclarera en faire l'application immédiate
au prêt actuel qu'il s'agit de réaliser.

D'où il suit que cette réserve, ne peut gêner en quoi que ce soit le nouveau prêteur.

N'oublions pas qu'en matière maritime, il
ne peut pas y avoir d'autres hypothèques que
celles conventionnelles ; par conséquent il n'y
a pas à réserver les droits éventuels et incon-
nus des hypothèques légales ou judiciaires ; le
pis-aller est donc que le prêteur s'arrête s'il
croit voir un danger : mais il ne peut rien sur-
venir de fâcheux en dehors de ce qu'il a été à
même de prévoir mathématiquement.

Il n'y a donc pas à se préoccuper d'un danger qui n'existe pas.

Remarquons aussi que les fausses déclarations de la part du propriétaire sont impossi-
bles, puisque toute réserve d'hypothèque en

cours de voyage doit être mentionnée à la fois, et sur le registre des hypothèques, dont on peut toujours relever l'état exact, et sur l'acte de francisation qui ne quitte pas le navire.

Voudrait-on supposer que le capitaine userait de cette faculté en cours de voyage sans mandat exprès du propriétaire ? Nous répondrions que c'est impossible, l'article 3 de la loi dit formellement que l'hypothèque ne peut être consentie que par le propriétaire ou son mandataire spécial.

Le capitaine en cours de voyage agissant par lui-même n'a qu'un droit : faire réparer le navire s'il en est besoin, et emprunter pour cela non par hypothèque mais par privilége. Eh bien dans ce cas pour le compte de qui emprunte-t-il ? pour le compte des assureurs ; puisque ces réparations ont lieu afin de rembourser des avaries dont ils sont responsables, et pour éviter la condamnation du navire qui les rendrait passibles de l'indemnité de sinistre en totalité (1).

La loi est donc encore bien faite en ce point et personne ne peut s'en plaindre ; elle n'est aucunement un obstacle au prêt hypothécaire.

Plus loin, et sous une rubrique spéciale, nous examinerons le cas de vente du navire à l'étranger, et nous arriverons à la même conclusion.

VI. — Indisponibilité du navire dans un cas spécial d'emprunt pour l'armement.

Nous avons traité déjà cette objection sous le n° 2. M. Lecesne veut que dans ce cas l'on use d'un moyen plus prompt que la licitation

---

(1) Voir à ce sujet l'arrêt Bordes et ce que nous en disons à la suite de cet opuscule, page 31.

pour arriver à la vente de la part indivise hypothéquée. C'est là une affaire de détail sans importance.

VII. — Exclusion inintelligente des barques au-dessous de 20 tonneaux et de toute la batellerie fluviale.

Nous sommes d'accord avec M. Lecesne, il est bon d'étendre la loi à tout cette catégorie si importante des moyens de navigation.

Mais ceci n'est point un argument contre les hypothèques maritimes déjà autorisées par la loi de 1874, bien au contraire.

VIII. — Liberté du taux des intérêts en matière de prêt hypothécaire maritime.

Il est certain qu'avant peu les intérêts seront stipulés conventionnellement au taux que voudront les parties, en vertu d'une loi expresse.

Dans notre journal, le *Crédit maritime*, numéro du 26 juillet 1879, nous avons rendu compte du rapport conforme de M. Jozon au nom de la commission de la Chambre des députés chargée d'examiner la proposition Truelle.

Cette liberté est depuis bien longtemps consacrée par l'usage dans toutes les opérations maritimes :

Rien de plus à dire sur ce sujet.

Opinion conforme à la nôtre de la Commission de la marine marchande et de M. Desseaux, nouveau rapporteur.

Voilà donc toutes les objections proposées par M. Lecesne à la commission de la marine marchande passées en revue, et réduites à leur juste valeur, c'est-à-dire à néant.

Sans doute, la commission en a jugé ainsi, puisque dans le projet de loi soumis à la Chambre des députés, rapporté par M. Desseaux, et discuté en séance publique, en mars 1879, il n'a plus été question d'aucune de ces prétendues objections.

Non, la loi est bien faite, l'hypothèque maritime, à part quelques détails sans valeur, n'a pas besoin d'être modifiée. Elle est pratique, elle est exécutable ; il faut seulement qu'elle trouve un peu de bonne volonté de la part de ceux qui sont chargés de l'appliquer.

Néant des privilèges réservés par l'article 27 de la loi.

Mais on ne manquera pas de nous dire : « Vous oubliez les privilèges de l'article 191 du code de commerce, et leur droit de préférence sur l'hypothèque, formellement réservé par l'article 27 de la loi de 1874. »

A cela nous répondons que les hypothèques terrestres sont, aussi bien que les maritimes, primées par certains privilèges généraux et spéciaux dont personne ne se préoccupe, parce qu'ils portent à la fois sur meubles et sur immeubles, et qu'ils sont, d'ailleurs, peu importants.

Eh bien, donc, il existe quelques privilèges pouvant atteindre le corps des navires, si le fret et la cargaison ne les éteignent pas, ou bien encore s'ils ne sont pas payés par les assurances ; mais comme, en matière d'immeubles terrestres, personne ne s'en préoccupe, tant ils sont peu importants, il suffit de les citer :

Frais de justice, en cas de saisie ; frais du

gardien, droits de port et réparations du navire dans le port ; gages du capitaine et des matelots pour le dernier voyage, privilégiés d'abord sur le fret et la cargaison ; dommages intérêts pour avaries survenues à la cargaison payés par les assurances ; rien de tout cela n'atteint jamais en fait le corps du navire.

Deux privilèges seuls auraient pu être sérieux, mais ils sont couverts d'une manière absolue, comme on va le voir :

Le premier, c'est le privilège du vendeur ou du constructeur ou des fournisseurs du navire avant son départ ; mais ce privilège est couvert : en cas de vente par une *purge* spéciale qui résulte d'un voyage en mer du navire pendant 60 jours sous le nom du nouveau propriétaire ; et en cas de non-vente par la délivrance du *congé de navigabilité* sans lequel le navire ne peut sortir du port. Tout créancier peut former opposition à la délivrance de ce congé (loi du 13 août 1791). Le navire une fois parti, le privilège disparaît ; les créanciers conservent bien le *droit de suite* contre le navire s'il venait à être vendu par leur débiteur, mais ils ont perdu le *droit de préférence*, qui seul pouvait leur permettre de primer le créancier hypothécaire : ce dernier ou son agent a donc un moyen infaillible de savoir si ce privilège peut être à redouter, car toute vente doit être mentionnée sur l'acte de franciscation, et tous mémoires et factures dressés par le capitaine et visés par l'armateur, doivent être déposés à peine de nullité au tribunal de commerce du port en question.

Le second c'est le privilège des réparations faites au navire pendant le cours de son voyage, mais nous avons établi plus haut invinciblement que ce privilège garantit une dette couverte par l'assurance ; le prêteur sur hypothèque maritime ne peut donc jamais avoir à le redouter.

La loi de 1874, posant les fondements du droit commun a bien fait de rappeler dans son article 27 que des privilèges sur navires pouvaient exister, mais le code de commerce et les conventions de l'assurance permettent de s'en garantir absolument, il suffit de s'en occuper.

De la vente du navire à l'étranger.

L'on a fait beaucoup de bruit du danger que pourrait présenter la vente du navire à l'étranger qui, suivant certains esprits craintifs, ferait tomber la francisation, et par là même l'hypothèque, son annexe.

Notons d'abord que la vente à l'étranger est interdite par le code de commerce au capitaine agissant en son propre et privé nom, sauf le cas de condamnation du navire pour cause d'innavigabilité, cas entouré de toutes sortes de formes et de garanties protectrices (1). Un capitaine qui vendrait son navire se rendrait coupable du crime de baraterie et serait sujet à l'extradition. En outre, ce risque de baraterie fait partie des risques pris en charge par les compagnies d'assurances, il ne peut donc en quoi que ce soit inquiéter le prêteur.

Mais le cas auquel on fait allusion, lequel n'est point assuré, c'est celui où la vente du navire aurait lieu par son propriétaire, c'est-à-dire par le débiteur grevé d'hypothèque. Eh bien ! ce cas ne nous gêne nullement :

1° Parce que rien n'est plus facile que d'interdire au débiteur, par le contrat, de vendre ou de laisser vendre son navire, à peine de stellionnat, interdiction que nous avons soin d'imposer.

(1) Voir l'arrêt Bordes, à la suite de cet opuscule, page 31.

2° Parce que, même sans cette interdiction, le propriétaire a pour représentant exclusif et nécessaire le capitaine qui est dépositaire et séquestre du navire dans l'intérêt de tout le monde, notamment des assureurs et des chargeurs ; en sorte que le propriétaire, même embarqué sur son navire ou le rejoignant à l'étranger, ne pourrait pas vendre sans le concours du capitaine, qui lui-même ne pourrait s'y prêter. D'où il suit qu'une pareille vente serait nulle.

3° Parce que l'hypothèque étant inscrite sur l'acte de francisation qui ne quitte pas le navire, tout acquéreur à l'étranger se rendrait coupable de complicité dans le fait du stellionnat comme le vendeur lui-même.

4° Parce que le droit de suite attaché à l'hypothèque serait revendiqué par nos consuls, et que la mauvaise foi de l'acquéreur étant évidente, il n'est pas douteux que les tribunaux étrangers, si tant est qu'ils maintinssent la vente, forceraient l'acquéreur à désintéresser le créancier hypothécaire révélé au moment de payer le prix. Peut-on supposer qu'un acquéreur étranger ne se préoccuperait pas des papiers de bord d'un navire par lui acheté? Or l'acte de francisation est le premier des onze ou douze titres que tout capitaine français doit porter avec lui, les étrangers savent cela aussi bien que nous.

5° Parce que indépendamment de ce qui vient d'être dit, l'acquéreur étranger dans des conditions pareilles s'interdirait à tout jamais de commercer avec la France, sous peine de voir son navire saisi et revendiqué par le créancier hypothécaire, à son arrivée dans un port français.

Il suit de là que la vente du navire à l'étranger, qui semble à première vue un danger impossible à éviter, puisque le navire voyage, est un risque qu'on ne saurait faire entrer en ligne de compte, en raison des impossibilités dont cette vente est entourée.

La loi de 1874 n'a rien édicté à cet égard, et on lui en fait le reproche ; mais en quoi cette loi serait-elle plus forte que l'interdiction stipulée dans l'acte et qui rend l'emprunteur stellionnataire s'il enfreint l'interdiction? Tous les jours, en matière d'hypothèques terrestres, on accepte les déclarations des emprunteurs sous peine de stellionnat, et jamais on ne se plaint de cette manière de procéder. Pourquoi faire à la loi de 1874 une situation plus rigoureuse qu'au code civil ?

Donc là encore il y a un danger d'imagination et rien de plus.

Prétendue insuffisance de l'assurance maritime.

Repoussés sur tant de points, les critiques s'attachent du moins aux assurances, et prétendent que par des cas réservés et non assurés, le prêt hypothécaire peut se trouver en péril. On cite notamment le vice propre de la chose, ou les fautes personnelles du capitaine dont l'armateur est responsable et le navire avec lui (1).

Nous tenons ces arguments pour aussi peu solides que tout le reste.

Le vice propre de la chose n'existe pas quand l'assurance a eu lieu après visite et expertise contradictoire de l'objet assuré, ce qui sera toujours le cas en matière d'hypothèque, puisque l'hypothèque maritime est conventionnelle.

Et quant aux fautes du capitaine, elles sont

(1) Voir encore l'arrêt Bordes, à la suite de cet l'opuscule, page 31.

couvertes par l'assurance quand elles ne proviennent pas d'ordres exprès de l'assuré ; aussi dans tout contrat hypothécaire l'emprunteur, quand il est à la fois propriétaire et armateur, ce qui n'arrive pas toujours, s'interdit de rien changer aux conditions de voyage prévues dans l'assurance, et indiquées à son capitaine, auquel l'acte, au besoin, pourrait être signifié.

On a toujours navigué dans ces conditions-là, et jamais l'insuffisance des assurances ne s'est manifestée lorsque les polices ont été passées avec les précautions ordinaires.

Confusion qu'on établit quelquefois entre le navire et la cargaison.

Il arrive quelquefois à certaines personnes peu au courant des affaires maritimes, de confondre le corps du navire seul objet de l'hypothèque, et seule propriété de l'emprunteur, avec la cargaison transportée par ce même navire, laquelle appartient aux armateurs ou chargeurs par lesquels le navire a été affrété.

Alors on objecte comme danger à l'hypothèque maritime, les fausses déclarations qui pourraient le cas échéant créer des difficultés entre les assureurs et le créancier hypothécaire.

Est-il besoin d'expliquer que l'assurance sur corps de navire représente l'assurance de l'immeuble terrestre, tandis que l'assurance sur cargaison représente l'assurance des meubles garnissant la maison ? Il n'y a pas entre ces deux opérations le moindre rapport ; le prêteur sur hypothèque ne connaît pas la marchandise et réciproquement. Les polices et souvent les compagnies d'assurances ne sont pas les mêmes, il n'y a donc pas à s'y tromper ; toutefois quand on raisonne superficiellement voici d'où vient la confusion :

Les prêts sur marchandises se mobilisent par connaissements, gages et warrants, c'est tout un autre ordre d'idées ; mais comme en cette matière on procède beaucoup par simples déclarations, il peut y avoir, en effet, des difficultés pour fraudes entre chargeurs et assureurs ; c'est ce danger imaginaire qu'on transporte ainsi d'un domaine dans l'autre. Ce danger eût-il de l'importance au point de vue des prêts sur fret et connaissements, il ne pourrait jamais concerner en rien le régime hypothécaire sur corps du navire, ni l'assurance qui le garantit. Ici tout est à jour, toutes les valeurs sont constatées par expertises contradictoires, personne n'a à se plaindre de fausses déclarations.

Conclusion.

N'avions-nous pas bien raison de dire en commençant que ceux qui parlent avec tant de légèreté de la nouvelle législation hypothécaire maritime ne la connaissent pas.

Le droit hypothécaire maritime est nouveau, mais il s'est assis fortement du premier coup, et c'est avec une parfaite sincérité que nous demandons où se trouve pour un prêteur de ce genre le défaut de la cuirasse ?

C'est pourquoi nous avons appelé de toutes nos forces cette législation, et maintenant qu'elle est faite nous cherchons de toutes les manières à l'appliquer.

Nous ajoutons que nous ne voyons pas ce qu'on pourrait faire de mieux, malgré les exemples étrangers que l'on nous cite.

C'est notre conviction que le prêt sur hypothèque maritime est un placement d'une parfaite sécurité. Les contrats déjà réalisés par le *Crédit maritime de France* ne laissent aucun doute à cet égard ; nous affirmons en outre que ce genre de prêt est pratique, qu'il est facile dans l'exécution, et nous ne cesserons de le recommander comme très avantageux, à tous nos clients.

III

JURISPRUDENCE

Bien que nous ayons lu avec soin les jugements et arrêts pouvant former jusrisprudence, pour les matières spéciales que nous traitons, nous n'avons trouvé aucune décision se rattachant à l'hypothèque maritime.

Voici cependant un arrêt de la cour d'appel de Paris qui a de l'importance, et qui fixe deux points relatifs à l'application de la loi du 10 décembre 1874.

Un navire de Dieppe le *Jules-Bordes* avait été frété par M. *Hanias*, armateur, pour aller à Valparaiso, puis ensuite après déchargement, pour aller à Tomé du Chili prendre une cargaison de farine et revenir en France en touchant à Montevideo ; ce navire avait été assuré au préalable sur corps jusqu'à concurrence de 70,000 fr., au profit de M. Hanias.

Le *Jules-Bordes* partit en 1874, et arriva fatigué à Valparaiso, où il devint nécessaire de lui faire subir de sérieuses réparations.

Le 16 février 1875 devant le Consul de France à Valparaiso, le capitaine fit un emprunt à la grosse de 8,300 piastres (41,150 fr.) d'un sieur Frémier, originaire français, et *déclara y affecter le corps du navire*, ainsi que les agrès, armement et victuailles.

Il fut convenu que le contrat serait soumis entièrement à la loi française avec attribution de juridiction aux tribunaux de France.

Que le bénéfice pour le prêteur serait de 60 0/0 pour tout le temps de la durée du voyage finissant au premier port de décharge.

Et que, par contre, les risques du fréteur seraient ceux imposés par le Code de commerce dans tout contrat à la grosse.

Le 26 février 1875 ce prêt à la grosse fut assuré jusqu'à concurrence de 20,000 fr. par diverses compagnies françaises à savoir : La Maritime, le Neptume, la Gauloise et la Navigation.

Le 27 mars 1875, le navire *Jules-Bordes* convenablement réparé, quittait Tomé du Chili pour Montevideo, mais, fatigué de nouveau par les gros temps, il dut changer de route et relâcher dans le port de Valparaiso où il fut déchargé et finalement déclaré innavigable, condamné comme tel, et délaissé par le capitaine aux mains du Consul de France pour le compte de qui de droit.

Le délaissement du capitaine et l'Ordonnance du Consul de France prononçant la condamnation, étaient du 17 mai 1875 ; le navire devait être vendu publiquement le 25, lorsque, dans la journée du 24, assailli par un coup de vent sur rade, il fut jeté à la côte et mis en pièces.

Le résultat de ces faits était d'obliger les assureurs à payer, savoir :

Les assureurs du corps du navire, la somme de 70,000 fr. à M. *Hanias*, armateur.

Et les assureurs du prêt à la grosse, la

somme de 20,000 fr. à M. *Frémier* qui avait fourni l'argent des réparations en cours de voyage.

Les assureurs du corps de navire ont payé à M. Hanias 70,000 fr., après abandon par lui-même de son navire.

Mais une difficulté s'est élevée entre M. Frémier créancier du prêt à la grosse de 41,150 fr. les assureurs de ce même prêt à concurrence de 20,000, et l'armateur M. Hanias.

En effet, les premiers ont prétendu :

1° Que le navire ayant changé de route à son départ de Tomé, et étant venu en relâche à Valparaiso, au lieu de se rendre directement à Montevideo, ce déroutement était un fait imputable à l'armateur et dont il était responsable.

2° Que l'état d'innavigabilité du navire avait été déclaré à tort.

3° Que M. Hanias, armateur, en recevant les 70,000 fr. montant de l'assurance sur corps avait omis de déclarer l'emprunt à la grosse en cours de voyage de 41,150 contracté par son capitaine ; qu'il avait par là même encouru la déchéance prononcée par l'art. 380 du Code de commerce.

4° Que M. Hanias, armateur, ne pouvait user de la faculté d'abandonner le navire aux assureurs dans les termes de l'article 216 du Code de commerce, parce que cet abandon était postérieur au délaissement du 17 mai 1875 effectué par le capitaine; et que pour pouvoir faire abandon aux assureurs il fallait être resté propriétaire du navire, ce qui, par suite du délaissement, n'existait plus au temps de l'abandon.

5° Et que l'abandon eût dû comprendre non-seulement les épaves du navire, mais encore le montant de l'assurance sur corps de 70,000 fr. attendu que l'art. 17 de la loi du 10 décembre 1874 qui subroge les créanciers hy-

pothécaires au bénéfice de l'assurance con-
tractée par l'armateur doit profiter aux créanciers privilégiés.

Pour bien comprendre ces arguments il faut
savoir deux choses importantes :

La première que le prêt à la grosse est un
prêt à risques éventuels , subordonné à la
bonne arrivée du navire au port de déchargement (Montevideo). Or, le navire ayant péri
avant d'avoir atteint ce port, le prêt à la grosse
se trouvait perdu de plein droit pour le prêteur, et, par conséquent, pour ceux qui sous
forme d'assurance le lui ont garanti. C'est pour
cela que les assureurs de 20,000 fr. ont prétendu que l'armateur Hanias avait manqué
au contrat d'assurance, soit par le change-
ment de route du navire, soit par le défaut de
déclaration au moment du délaissement, etc.

La seconde que le privilège du prêt à la
grosse pour remboursement de réparations
en cours de route, frappe le corps du navire,
sans avoir un droit spécial sur l'assurance de
ce même corps, à moins qu'une convention
particulière n'ait eu lieu dans la police; tandis que l'hypothèque maritime est de droit
subrogée dans l'assurance sur corps aux termes de l'art. 17 de la loi de 1874. C'est pour
cela que les assureurs des 20,000 prétextant
d'analogie entre le privilége et l'hypothèque,
prétendaient qu'ils auraient pu se faire rembourser sur l'indemnité de sinistre de 70,000
francs payée par les premiers assureurs à
M. Hanias, armateur du navire.

Mais la Cour de Paris, par l'arrêt du 18 juillet 1879, a décidé :

En fait :

Que le déroutement du navire et sa seconde
entrée à Valparaiso étaient dus à un cas de
force majeure ;

Que le consul de France, juge compétent,

ayant condamné le *Jules-Bordes*, il n'y avait
pas à revenir sur sa décision ;

Que le prêt à la grosse de 41,150 fr. était
bien et dûment perdu pour le prêteur à la
grosse comme pour les assureurs, puisque le
navire n'était pas arrivé à destination ;

Que l'armateur n'avait pas commis de faute,
par lui-même ou par ses représentants, soit
au moment du délaissement par le Capitaine,
soit au moment du payement des 70,000 fr.
montant de l'assurance sur corps.

En droit :

Que l'art. 17 de la loi de 1874 est fait pour
les créances hypothécaires et non pour les privilégiées ;

Qu'en conséquence, il n'y aurait eu lieu
d'admettre cette subrogation que si une hypothèque avait été attachée au contrat à la grosse
du 16 février 1875.

« Mais que la loi invoquée est inapplica-
« ble en la cause ;

« Qu'il s'agit d'un droit strict qui ne sau-
« rait être étendu en dehors des cas formelle-
« ment prévus par ladite loi ;

« Qu'il est d'autant moins possible de l'é-
« tendre au contrat à la grosse, que celui-ci
« est un contrat essentiellement aléatoire,
« dans lequel le prêteur n'est admis à stipu-
« ler à son profit des avantages parfois exor-
« bitants, qu'à raison du risque qu'il court de
« voir périr sa créance avec le navire auquel
« le sort de celle-ci est attachée.

« Par ces motifs, confirme le jugement dont
« est appel. (Tribunal de Commerce de la
Seine, du 4 avril 1877.)

« Déboute les appelants, etc., etc., etc. »

Il ressort de cet arrêt deux solutions importantes, au point de vue de l'hypothèque maritime :

La première, qu'elle ne peut-être attachée au contrat à la grosse, même en cours de voyage, attendu la nature essentiellement aléatoire de ce genre de prêt.

La seconde, que le privilège des réparations en cours de voyage ne jouit pas d'une subrogation légale dans l'assurance sur corps de navire, attendu que cette subrogation légale résultant de l'article 17 de la loi de 1874, n'existe qu'en faveur des hypothèques maritimes.

D'où il suit que la créance hypothécaire une fois constituée, et le navire bien assuré, à son départ, le privilège des frais de réparations faites en cours de route ne peut primer le créancier hypothécaire, sur l'indemnité d'assurance à lui déléguée par acte antérieur.

Et franchement, c'est bien juste, car de deux choses l'une :

Ou bien le navire n'a pas subi d'avaries, et alors les assureurs n'ont rien à rembourser ;

Ou bien le navire a subi des avaries, et c'est aux assureurs à les payer.

A quoi, sans cela, servirait l'assurance ?

Voilà deux bonnes solutions.

IV

PROJET DE LOI

TENDANT A MODIFIER LA LOI DU 10 DÉCEMBRE 1874

PROPOSÉ PAR M. LECESNE

A LA COMMISSION DE LA MARINE MARCHANDE

ARTICLE UNIQUE. — Les articles 2, 3, 10, 11, 15, 17, 26, 28, 29 et 30 de la loi du 10 décembre 1874 sur l'hypothèque maritime sont modifiés ainsi qu'il suit, pour prendre effet à partir de la promulgation de la présente loi.

ART. 2. — Le contrat par lequel l'hypothèque maritime est consentie, doit être rédigé par écrit; il peut être fait par un acte sous signatures privées.

Le droit d'enregistrement de l'acte constitutif de l'hypothèque authentique ou sous seing privé est fixé à 1 fr. pour 1,000 fr. des sommes ou valeurs portées au contrat.

ART. 3. — L'hypothèque sur le navire ne peut être consentie que par le propriétaire, l'armateur, ou par son mandataire justifiant d'un mandat spécial.

Si le navire a plusieurs copropriétaires, il pourra être hypothéqué par l'armateur titulaire pour les besoins de l'armement ou de la navigation, avec l'autorisation de la moitié des intéressés, conformément à l'article 220 du Code de commerce.

Dans le cas où l'un des copropriétaires voudrait hypothéquer sa part indivise dans le navire, il ne pourra le faire qu'avec la même autorisation.

ART. 10. — S'il y a deux ou plusieurs hypothèques sur le navire ou sur la même part de propriété du navire, leur rang est déterminé par l'ordre de priorité·des dates de l'inscription.

Les hypothèques inscrites le même jour viendront en concurrence, nonobstant la différence des heures de l'inscription.

ART. 11. — L'inscription conserve l'hypothèque tant qu'elle n'a pas été rayée; elle n'est pas assujettie au renouvellement.

ART. 15. — A défaut de jugement, la radiation totale ou partielle de l'inscription ne peut être opérée, par le receveur de douanes, que sur le dépôt d'un acte authentique de consentement à la radiation donné par le créancier ou son cessionnaire justifiant de ses droits.

Dans le cas où l'acte constitutif de l'hypothèque est sous seing privé, ou si, étant authentique, il a été reçu en brevet, il est communiqué au receveur des douanes qui y mentionne, séance tenante, la radiation totale ou partielle.

Si l'acte de francisation lui est représenté simultanément ou ultérieurement, le receveur des douanes est tenu d'y mentionner, à sa date, la radiation totale ou partielle.

ART. 17. — En cas de perte ou d'innavigabilité du navire, les droits des créanciers s'exercent sur les choses sauvées ou sur leur produit, alors même que les créances ne seraient pas échues. Ils s'exercent également, dans l'ordre des inscriptions, sur le produit des assurances qui auraient été faites par l'emprunteur sur le navire hypothéqué. Dans le cas prévu par le présent article, l'inscription de l'hypothèque vaut opposition au payement de l'indemnité d'assurance.

Les assureurs avec lesquels ils ont contracté l'assurance sont, lors du remboursement, subrogés à leurs droits contre le débiteur.

Dans le cas de règlement d'avaries concernant le navire, le créancier hypothécaire pourra intervenir pour la conservation de ses droits ; il ne pourra les exercer que dans le cas où l'indemnité en tout ou en partie ne serait pas employée à la réparation du navire.

Art. 26. — La vente volontaire du navire grevé d'hypothèque est interdite aux colonies et à l'étranger.

Est également interdit tout contrat hypothécaire en cours de voyage, les ports de France et d'Algérie restant exceptés.

Ne sont pas comprises dans cette interdiction les hypothèques contractées sur le navire acheté à l'étranger, préalablement à son immatriculation en France, — à charge d'être régulièrement inscrites par le Consul français sur l'acte provisoire de francisation. — Les dispositions du présent article seront mentionnées sur l'acte de francisation.

Art. 28. — L'article 233 du Code de commerce est modifié ainsi qu'il suit :

« Si au cours des opérations concernant l'intérêt commun des propriétaires d'un navire, tel que l'exercice en est réglé par l'article 220 du Code de commerce, l'un ou plusieurs font refus de contribuer aux frais nécessaires à l'expédition, l'armateur ou le capitaine peuvent en ce cas, vingt-quatre heures après sommation faite aux refusants de fournir leur contingent, emprunter hypothécairement pour leur compte sur le navire ou sur leur part dans le navire, avec l'autorisation du juge ; au cas où la part sera déjà hypothéquée, la vente en pourrait être autorisée, comme

toutes répétitions ordonnées pour insuffisance. »

Art. 29. — Sont compris dans les dispositions ainsi modifiées de la lci du 10 décembre
1874, en tout ce qu'elles leur ont d'applicable,
les navires, barges et remorqueurs affectés à
la navigation des fleuves, rivières et canaux.

Art. 30. — Par dérogation à la législation
de 1807, le taux d'intérêt sur les contrats
hypothécaires ayant le navire pour gage est
relevé de toute clause limitative, sauf l'ab-
sence de conventions particulières entre les
parties, auquel cas, il serait réglé au taux de
7 0/0 l'an.

Paris. — Impr. Jules Boyer (Soc. gén. d'Imp.), r. des Jeûneurs. 41

www.ingramcontent.com/pod-product-compliance
Ingram Content Group UK Ltd.
Pitfield, Milton Keynes, MK11 3LW, UK
UKHW021616130726
13696UKWH00005B/1914